그때는 아무것도 몰랐다

박미란 시집

시인동네 시인선 018 박미란 시집

그때는 아무것도 몰랐다

시인동네

시인의 말

창문은
곧 터질 물집처럼

제 속을 보여주고 있다.

창문이 수차례 일렁인다.
오랜 적막을 터트리고 싶은가보다.

태어난 그날부터
횟배 앓는 저 창문 너머

손 뻗어도 만질 수 없는 것들이 아름답다.

2014년 가을
박미란

그때는 아무것도 몰랐다

시인의 말

차례   **제1부**

온기 · 13

음음 · 14

사물의 둘레 · 16

조각전 · 18

나비 · 20

백합 · 21

조개처럼 · 22

눈보라 · 24

비단길 · 26

저 하늘에 물어보아요 · 28

장미는 기별이 없다 · 29

안부 · 30

그곳에 누군가 살았다 · 32

반달 · 34

제2부

두 손으로 얼굴을 가린 별빛에게 • 37

숨 쉬는 일 • 38

당신의 자리 • 40

길 • 41

붉은 기와지붕 • 42

막내 • 44

병(病) • 46

물끄러미 바라보는 차가운 얼굴 1 • 48

물끄러미 바라보는 차가운 얼굴 2 • 49

우는 여자 • 50

새벽 • 51

균형 • 52

봄날의 입속 • 54

꽃이 오는 이유 • 56

제3부

손톱 · 59

입을 다물고 · 60

왼쪽과 오른쪽 사이 · 62

한밤중에 자다가 깨는 것은 · 64

검은 돌 · 65

이사 · 66

허공 · 68

오래된 슬픔 · 70

목재소에서 · 72

아래 · 74

죽 한 그릇 · 76

쌀을 안치며 · 78

노래 · 79

돌 그림자 · 80

제4부

우물 · 83

요구르트 아줌마 · 84

영원에 대하여 · 85

카프카 · 86

손 · 88

흰 강물 흰 그림자 · 90

몸이 몸을 눌러 · 91

사이 · 92

스며들다 · 94

탱자꽃 · 95

밤아, 이 밤아 · 96

입술자국 · 98

붉은 꽃 · 100

보름 · 102

해설 오래된 그늘
　　　김정남(문학평론가·관동대 교수) · 103

제1부

온기

온기라는 말은
나무 밑으로 지나가는 한 사람을 바라보는 일
한참 바라보다가 잊어버렸으나
비 오고 난 뒤 다시 그를 생각하는 일

오래전 공터에 봄은 왔는데

사무친다는 말은
막 꽃피우려는 노란 민들레에게
내년 꽃을 기억하라고, 기억해보라고
억지 쓰는 일

음음

　살다가 가끔 음음, 할 때가 있다

　음음, 그토록 기다렸다 만나면 손이라도 덥석 잡을 줄 알았는데
　그냥 좋아 자지러질 줄 알았는데
　오히려 할 말이 없어 음음, 이라는 말에 물들고 있다

　검은 나무에 비스듬히 기댄 당신 얼굴
　아무 생각이 나지 않는다
　음음, 말들이 안으로 삼켜지는
　주머니 속에서 손이 나오지 않는 느닷없는
　이런 날

　음음, 점점 어두워지는 당신의 눈, 당신의 어깨, 당신의 흰 손목,
　둥근 귓바퀴와 흘러내리는 머리카락, 머리카락……

　내가 기다린 것은 오직 음음, 더 깊은 어둠이다 이미 지나갔

다고 생각한
 그곳에 음음, 당신이 있다

사물의 둘레

검은 돌들은 하늘을 날아가고
흰 꽃들은 꽃들에게 충실하다

흰나비
흰 구름
젖을 흘리며 지나가는데

검은 시체에
바글바글 들끓는
흰 꽃송이 구더기 떼

흰 샘물
흰 유방
젖꼭지는 부풀어 오르기만 하는데

검은 돌들은 멈추어 있고
흰 꽃들은 자신을 돌보지 않고

\>

수천수만 번의 망설임 끝에
찾아오는 어둠,
비로소 그 둘레가 완성된다

조각전

물고기 눈과 새의 날개가 가슴에 박힌 날
그때는 아무것도 몰랐다

물고기 눈은
저녁이 되려 하거나
전생을 떠올리지 않았고

새의 날개는
우레를 그리워하거나
지하세계로 날아가는 법을 잊어버렸다

한번 떠나오면 돌아갈 수 없다고
누가 말했을까

새들은 어느 방향으로 날아가는지
물고기는 어떻게 물살을 갈라야 하는지

물고기 눈과

새의 날개가
서로 가야 할 곳도 돌아올 곳도 잃어버린 채
심장에 나란히 박혀 있다

나비

　조금만 곁을 내주지 그랬어 무엇에 취해 있었니? 입안에 혓바늘이 돋고 발가락에 무좀이 생길 때 새하얀 연고라도 되고 싶었니? 소멸을 향해 돌진하는 석양처럼, 손끝을 떠나는 문고리처럼 들키고 싶었니 뒤돌아보고 싶었니?
　허물어지면 어때,
　모든 것이 끝났고 간신히 잡고 있던 끈을 놓아버렸을 때 어린 나이에 늙어버린 영혼, 기어이 저승에서 이승으로 날아오고 있다

백합

한때 아리따운 처녀였고
술렁거리는 꽃망울이었던,

침대 시트와 함께 늙어버린 백합은 외롭고 쓸쓸하게 죽었다
비밀 보자기 같은 천국을 꿈꾸며
다시 볼 수 없는 찬란한 봄날을 기다리며
온통 희디흰 공간에 유언도 없이 떠났다

절반은 어둠
나머지 반도 어두운 자리에 바쳤던 마음

운구 카트가 그녀를 데려가는 동안
침상 옆을 끝까지 지킨 것은
바싹 마른 죽음이었다

조개처럼

다시는 입 다물 수 없어
옛날로 돌아갈 수 없어

아마 입 벌리고 싶었을 거야
붉은 속울음 보여주고 싶었을 거야
벌어지고 나니
도무지 입 다무는 방법을 모르는데

그 벤치 위의 저녁,
정신없이 걷다가 발길 끊어진 후에야
물기 번지듯 갔지
오로지 번지고 번져서 갔지

번진다는 건
다가가는 일이라는 걸
내 삶이 망가진 다음에야 알았지

뜨거움이 지나간 그때 그 자리에서

아, 벌어진 입
끝내 다물지 못하고

눈보라

뱀처럼 긴 혓바닥이었을 거야

헐렁해진 내 몸 핥고,
밤늦은 식구들 몸 핥고도
그 길이가 남아 젖은 달이 떴다

숨기려 해도
따로 숨겨둘 데 없어
바닥처럼
빙산처럼
주저앉는 마음 힌 구석 풀어 헤쳐

저리도 미쳐서,
미쳐서 제대로 고운
눈보라에게나 던져줘야겠다

사라지면서
영혼을 얻은 저 눈보라를 데리고

머나먼 북극으로 달아나면

그때는 알 수 있겠지
북극 밖에도 북극이 있었다는 것을

비단길

밤은 그냥 가지 않고
기억을 품고 가려 한다

무엇 때문에 어둠에서 새벽이 태어나고
무엇이 이 공간으로 밀려오는가

매일 밤이면서 새벽이고
낮이면서 저녁인 시간들
무엇 때문에 하루는 또 하루를 물고 가는가*
죽은 별이 살아나 눈썹 위에 비틀리는가
무엇 때문에 죽은 별이 다시 죽어
입술은 루주를 덧칠하고
핏기 없는 얼굴은 화장을 떡칠하는가

모든 밤이 서럽지 않으면서 서러운
화려하고 쓸쓸한 잔칫날인데
흰 천에 형형색색(形形色色) 실을 놓아
끝없는 밤으로 이어놓는가

>

새벽을 푸르게, 뼈마디 쑤시도록 푸르게 하는가

무엇 때문에
밤과 새벽이 멀리 떨어진 듯 이어져
또 하루가 무단결근 없이 이리도 밝아오는가

---

*파블로 네루다의 시 「어디냐고 묻는다면」에서 변용.

저 하늘에 물어보아요

 못에 빠져 죽은 여자의 머리채를 질질 끌고 다니다가 화장터에 던져버린 저 하늘
 믿을 수 없어요
 선지덩어리 같은 모습 어디다 감추고 어찌 그리 맑은 척하는지, 정말 푸른 건 푸른 게 아니에요
 한겨울 종기처럼 돋아나는 검푸른 열매, 다른 빛깔 다른 의문이죠
 한 줄기 찬란한 빛이 지하도에 웅크린 남자의 한쪽 어깨를 잡아먹는 걸 보면서도 순진무구하다는 말에 깜빡 속아 더듬더듬 저 하늘에 물어보아요

장미는 기별이 없다

눈꽃이 꽃이라면 얼마나 눈꽃
장미가 장미라면 얼마나 장미

눈은 잠시 왔다가 가고
장미는 때때로 기별이 없다

눈꽃이 꽃 아니라면 얼마나 장미는 먼가
장미가 장미 아니라면 얼마나 눈은 찬가

바람을 밟으며 죽은 장미가 눈꽃으로 피어난다

안부

좀 어긋나게 놀지 않으면 당신이 그럴까봐
내 먼저 삐딱해진다

당신, 내 속 알아채기 전에
손바닥보다 구름보다 먼저 뒤집어진다
맘속의 말 대신 없는 말을 하고
깊이 생각하기 두려워 조금만 생각한다

영영 어긋나면 당신이 정말 떠나버릴 테니까

날마다 바람을 살 타지
왜 자꾸 애타게 하느냐고 당신이 나무라면
그러게 말이야 그렇게 말하지
그래도 당신이 나무라면*
내 맘 잘 모르겠다고 하지

무더기 햇살, 흩어져도 따가운 마음

\>

안 그런 척 당신마저 후회하는 봄날
아무렴 어때,
억장이 무너지지만
나는 이 상태가 죽을 만큼 좋다고 말하곤 하지

---

*김소월의 시 「먼 후일」에서 빌림.

그곳에 누군가 살았다

한참 살다 가는 인연도
아무렇지 않은 척
슬쩍 놓아버렸지만

그곳에 누군가 살았다는 흔적은
붉은 벽돌집 담벼락에 내걸린
빨래 몇 벌이다

나뭇잎이 구름을 스치고
물방울이 태양을 끌어안는 동안

바람은 또 어디로 갔느냐
한숨이 오고
한숨이 질 때까지

무심한 바람 물기 없는 설움
숨죽이며,
다시 숨죽이며,

\>

흐느끼던 날들이 지나갔다
한번 흔들린 자리는 예전의 자리가 아니다

반달

봄날 매운 파밭에서,

찜통 같은 공장 바닥에서,

눈 내리는 쓰레기더미에서,

어느새 저 높은 곳까지 쫓아갔을까

밤중에 잠깐 올려다본

서쪽 하늘기엔

시리고 서러운

엄마 발목이 걸려 있다

제2부

두 손으로 얼굴을 가린 별빛에게

눈에서 눈물을 찾지 마라

입술에서 사랑을 찾지 마라

귀에서 노래를 찾지 마라

아무것도 잡을 수 없는

너의 파리한 목숨,

숨어 있던 짐승이

새벽을 밝히자,

피 묻은 두 손으로 얼굴을 가리고

집으로 돌아간다

숨 쉬는 일

찔레꽃 깜깜하고 하얀 길

아슬아슬하다

다친 짐승처럼 할딱거리다가
안간힘으로 넘어가는 수천 미터 낭떠러지

저 길, 휘어진다

잠 없는 나무들이
쉴 새 없이 풍기를 물러와도
끝없는 밤길 끊어질 듯 이어지는 숨결이
아득하고 고단한 그녀

가파른 숨을 몰아쉰다
고요하던 꽃잎, 꽃잎 흐드러지고
차마 같이 넘어가 줄 수 없는

\>
숨,

그녀의 가녀린 손짓이
저편 언덕에 닿아 찔레꽃 진다

당신의 자리

뜨거운 냄비를 놓쳐 발등을 데인 후에야
멀리 가려는 너를 더 멀리 보내고

네가 앉았던 나무그늘에 우두커니 앉아본다
절뚝거리며 걷다가 뒤돌아보는 사람처럼
내 어둠 들여다보는 동안

아픈 것은 저희들끼리 머물다가 떠나간다

뿌리가 깊어지는 소원을 가진 나무가 제 울음으로
잎사귀를 푸르게 물들이고 있다

그곳이 아픈 발등의 자리, 너의 자리다

길

  그는 그날, 산모퉁이까지 걸어 나왔다가 발길을 돌렸다 흔들리는 눈빛에 미끄러지는 숨결 있었지만 어쩌다 우는 밤도 부질없이 흘러내리는 옛일이라고 만나자는 말은 끝내 남기지 않았다 비릿하게 몰려드는 안개비와 글썽이며 잠든 달맞이꽃 허리를 감싸 안고 그는 캄캄한 산속으로 돌아갔다 그토록 많은 날을 어디를 떠돌았는지, 빗방울로 뭉쳐지자 축축하던 눈가가 다시 짓물렀다

붉은 기와지붕

새들처럼
언제나 한 방향을
삼월과 사월이 바라보고

해질녘이면
이마를 쓰다듬던 손길이 다녀갔다

먼 곳은 멀지 않다
다만 토악질하던 빗방울 건너간 것뿐이다
가만히 있어도
부스스한 새털이 일어난다

무리들
홀연히 떠난 후
혼자 남은 새가 있다

부리를 몸뚱이에 묻고 있는
새와

붉은 기와지붕을
저녁 종 치는 어린 사람이 와서 데려갔다

막내

 동생을 그렇게 가까이서 보기는 정말 오랜만이었다

 그녀가 사는 소읍을 지나치다가 육교 옆 느티나무 밑에서 잠깐 만났다 이제 동생은 앳된 소녀도 막내도 아니었다

 밥이나 먹고 가라고
 내 팔목 끌어당기는 손은 차갑고 까칠했으며 줄곧 웃는 얼굴은 잔주름과 기미를 다 가리지 못했다

 십여 년 차이의 우릴 보며 친구가 저래 좋구나, 지나가는 할머니 말에 아무렇지 않은 척 동생은 또 활짝 웃었다

 그간의 사정은 말 안 하고 웃기만 해도 웃음 사이사이 조금씩 내려앉다가 사라지는 그늘,

 놓아주지 않을 듯 잡은 동생 손에서 슬며시 내 손을 빼내어 바쁘게 소읍을 떠나왔지만

말할 수 없는 손끝의 감촉과 나무그늘보다 깊어지던 막내의 그림자는 한동안 나를 떠나가지 않았다

병(病)

사랑이라고 말해도 될까

나뭇가지에 새가 앉았던 날처럼 마음에 맺힌 일이 있었다

슬픔이 있었다

꽁지가 파란 새에게 팔을 내주며 뼛속까지 붉어졌던 나무는 말을 잃어갔고

새는 예전처럼 노래하지만 나무는 그 노래에 다가갈 수 없음을 알았다

공중으로 흩어지는 눈발, 가슴이 먹먹하던 나무는 더 깊은 수렁에 빠져들었다

어디냐고 물어볼 수 없었다

붉은 순간이 사라졌어 떠도는 눈송이들, 버림받은 눈송이들,

기다림이 조금 길어졌을 뿐이야

새는 날아갔고 나무는 그 자리에 남았다

물끄러미 바라보는 차가운 얼굴 1

 그는 물가에서 종일 논다
 그는 밑이 빠진 채 그 자리에 붙박인 밥솥, 속을 파내고 서늘하게 웃고 있는 늙은 호박, 두려운 마음에 번진 불길
 영문도 모르고 매몰되는 짐승의 붉은 속살 흰 뼈다귀
 그는 검은 대나무 죽은 잎사귀처럼 나동그라지며 나자빠지며 배꼽이 떨어지도록 혼자 놀고 있다

물끄러미 바라보는 차가운 얼굴 2

그는 오래전 집 나간 내 몸,
나를 거들떠보지 않는 내 몸의 그늘
기쁜 일 없이 흐느적흐느적 이어지는 춤사위는 복사꽃 세월이 떠밀어 물가로, 물가로 밀려난다
그는 거품 부글거리는 강물을 막아서며 속절없는 장단에 차가운 마음 차가운 고통을 잊고
진양조에서 휘모리 가락으로 제 몸의 헛것을 휩싸고 돈다

우는 여자*

얼마나 끈질기게 울었던지
주위가 어둑해졌다

절규하며 흐느끼는
늙은 가수의 목소리가 넘어가지 않는다

흠뻑 젖은 그녀가
피투성이 가랑이로 찢어지는 동안
남아 있던 노을이 노래를 삼켰다

요로나, 요로나
비명도 가수도 사라진 그곳에서
음악은 무엇이 될까

당신은 처음부터 시작과 끝이 없었다

---

*멕시코 여가수 차벨라 바르가스의 노래 제목.

새벽

 빛의 껍질이 어둠이라는 걸 감자 깎다가 알았어 한꺼번에 펼치면 앞을 못 볼까봐 빛은 감자 싹처럼 주둥이를 뾰족이 내밀며 최대한 천천히 깊고 뜨거운 속을 드러내기 시작했어

 산모처럼 퉁퉁 부어올라도 빛은 자신을 돌보지 않았어 얇디얇은 어둠이 다치지 않도록 한 꺼풀씩 벗어던지는 동안 감자는 붉고 단단한 멍으로 번지고……

 미안한 듯 돌아오는 그와 떠나가는 그녀 사이에 스며드는 푸른빛, 어둠의 속살

균형

말기 암으로 오른쪽 유방을 들어내면서
웃음도 함께 들어낸
젊은 새댁

유방이 웃음을 준 것도 아닌데
온종일 등 돌리고 지낸다

견딜 수 없는 날은
참 이상하게 몸이 한쪽으로 쏠린다고
말랑말랑한 것만 보면 속을 빵빵하게 채우고 싶다고
잘려나간 유방보다 더 캄캄해진다

이 길을 곧장 달려가서
여자로 살지 않았으면 좋겠다는데
그런 곳이 있긴 있을까

허전해서 허물어지는 몸을 달래는 동안

잃어버린 것들은
균형을 찾아 또 어딘가를 헤매고 있다

봄날의 입속

입속으로
상한 치즈와 썩은 포도주가 들어간다
모래사막과
죽은 나방이 날아오른다

발정난 개를 묶어놓고
먹을수록 허기진다고
낮달 끌어들이던 물컹한 속살이 사라진다

뜨거운 숨결 사이로
슬렁슬렁 비단구렁이 담 넘듯이 넘어간
한때 청춘마저 아팠다 하면서

흘러, 흘러나오는
꼬리를 말고 비명조차 지르지 못한 개의 허기를
앞마당에 묻어버린

입속으로

입속으로
더 이상 아무것도 드나들지 못한다

죽을 수도 살 수도 없는
그곳

꽃이 오는 이유

당신이 내게 온 이유를 알겠어요
알아도 아직은 어렴풋이 알겠어요

만질 수 있어도
다가갈 수 없다는 것
아무리 닿으려 해도 닿을 수 없다는 것

겨우 닿았다고 생각한 순간
미끄러지는 저쪽에 당신이 있지요

사라지는 빛깔은 그냥 내버려둬
끝까지 지켜봐야 하잖아

왜 내게 왔지?
왜 벼랑 끝에만 서 있으려 하지?

멈출 수 없는 질문 속에 당신이 견디고 있지요

제3부

손톱

내 몸에서 멀어지기 위하여
무럭무럭 자란다

내 몸으로 다시 돌아오기 위하여
방향을 바꾸지 않는다

밤새 울어 한쪽이 이지러지고
다 울고 나면 어느새 다른 쪽이 채워진다

꿇어 엎드릴 무르팍이 없다고
기어가야 할 팔꿈치가 닳았다고

진작 말했어야 했는데

아프지 않는 것도 언젠가 아플 때가 있다

입을 다물고

그녀가 온다

밥은 먹었니 약은 먹었니
펄펄 끓는 이마를 짚어가며
그녀가 묻는다
아무것도 먹고 싶지 않아
내버려둬 혼자 있을래

그래도 먹어야 해
꼬박꼬박 밥 먹고 약 먹으면
어느새 나아
나을 것 같지 않던 병도 말끔히 나아

혼자 있으면 안 돼
어떤 외로움은 하도 단단하여
길가에 돌멩이로 구르기도 한데

그럼 저 개망초꽃은 무얼 먹으면

그 병이 낫지

밥숟가락과 약 봉투를 들고 있던 그녀는,

왼쪽과 오른쪽 사이

죽기 전에 다시 기저귀 찬 할머니,
이제 자기 몸도 따로따로 논다
왼쪽은 방바닥에 누우려 하고
오른쪽은 정자나무 아래 살살 나가려고 한다

한 몸이,
서로 다른 생각으로 이리저리 쏠리는 것은
두 식구가 살기 때문이다

가지고 갈 게 없다 하면서
손가락의 쌍가락지 잠시도 빼지 않는
저 마음은,
오른쪽에 더 기울어져 있는 듯하지만
사실 오른쪽과 왼쪽은 죽자고 붙어 다니는 사이여서
어느 한쪽도 놓을 수 없다

금방 바스라질 것 같은 몸 눕히고
서둘러 나오는데

벌컥, 방문 열고
굶겨 죽이려느냐 고래고래 소리 지르는
저 힘

죽음에 질질 끌려가던 왼쪽이 오른쪽을 일으켜 세우고 있다

한밤중에 자다가 깨는 것은

빈손으로 가던 적막이,
내 몸 친친 감고
은하의 깊은 골짜기로 흐르기 때문이다

검고 긴 머릿단 치렁치렁 끌고 가던
적막이,
하얗게 세어버린 은발로
내 방문 앞에 우두커니 서 있기 때문이다

한밤중에 깨어 다시 잠들지 못하는 것은

누가 내 이름 불러서가 아니라
한 번도 잠든 적 없던
밤이,
적막의 이름을 목이 쉬도록 부르기 때문이다

검은 돌

그날, 우리는 무엇이든 되고 싶었다

안으로 살짝 굽어 불던 바람,
돌이킬 수 없음을 알면서
흘러가버린 물결,

우리가 매만진 꽃의 무늬와 그늘을 알았더라면

많이 늦었지만
돌아와
사라지는 햇살 발자국 따라 멀리 돌의 냄새를 맡았다

이사

내년 봄에도
내후년 봄에도
목련나무는 꽃을 피울까

아파트 재개발이 가결되자 밤늦도록 막걸리 사발 돌아간다
늙은 나무가 한 잔 먼저 받아 마시고 숟가락에 구부러지는
노래 사이로 굵은 꽃송이 내다건다

언젠가 맞이할 마지막 봄이다

사람의 일 속에 꽃의 일생 막걸리 한 잔보다 쉽게 지워져도,
다시는 꽃으로 환생하지 못한다 해도,

저 꽃송이들 데려갈 수 없다

옷 보따리 꾸렸다 풀었다 하는 동안
목련이,
맨 먼저 다니러 왔다는 듯

사나흘 피고 잊히는 일이 가장 큰 이사라는 듯

잠깐 피었다가 훌쩍 떠나가고

짐승의 내장같이 어둡고 쓸쓸한 그림자만 밤새 너울거렸다

허공

왼쪽 다리를 무릎까지 잘린 노인은
없는 종아리가,
없는 발가락들이,

아직도 제 몸인 것처럼 시리고 아프다

밥도 먹는 둥 마는 둥
도무지 다른 일에는 관심이 없고
잘려나간 다리 생각이 절실하다

모두를 보냈는데
그 무엇도 보낸 적 없는 첫 마음아

목발도
외출도 마다하고
무릎 밑의 뭉툭한 상처,
조심스럽게 다리가 있던 자리를 더듬으면

\>

이미 허공이 된 것들은
무심히 노인의 마른 손길마저 지운다

오래된 슬픔

사춘기가 올 무렵
처음으로 한 남자의 물건을 보았다
거무튀튀한 사타구니 사이에서
힘없이 세상 밖을 내다보던 그것

단단하던 그가
누가 우는 걸 그토록 싫어하던 그가
장성 도립병원에 누웠을 때
가까운 사람들이 제일 먼저 그를 떠나갔다

밤새 울부짖다가 잠든
그의 기저귀를 갈다가 마주하게 된 물건
어린 내가 감당할 수 없는
너무 커다란 감정이거나 쓸데없이 달린 혹 같아

아버지 가까이 갈 수 없었다

아비 것이어도 아비를 모르는

번데기처럼 쪼그라든 그것이 또 혈뇨를 쏟아냈고

그가 깨어나기를 무섭도록 오래 기다렸다

목재소에서

고향을 그리는 생목들의 짙은 향내
마당 가득 흩어지면
가슴속 겹겹이 쌓여가는 나이테
사방으로 나동그라진다

새떼들의 향그런 속살거림도
가지 끝 팔랑대던 잎새도 먼 곳을 향해 날아갔다
잠 덜 깬 나무들의 이마마다 대못이 박히고
날카로운 톱날 심장을 물어뜯을 때
하얗게 일어서는 생목들의 목 쉰 울음

꿈속 깊이 더듬어도
정말 우린 너무 멀리 왔어

눈물 없이
말갛게 목숨 비워 몇 밤을 지새면
누군가 내 몸을 기억하라고 달아놓은 꼬리표
날마다 가벼워지고

＞
먼 하늘 그대,
발돋움하는 소리 들릴 때
둥근 목숨 천천히 밀어 올리며
잘려지는 노을
어둠에도 눈이 부시다

아래

어디선가
밥공기에 김이 오를 때
따스하고 가벼운 그림자 스쳐갔다

희미한 골목길과
눈 어두운 은행나무

아득하고 두렵고
어디가 어딘지 도무지 알 수 없는

거기가 어디야
얼마만큼 가야 하는 거야
손잡고 나서면
영영 못 돌아올 것 같은

내려갈수록
멀어지는 그 길이
가끔,

열두 폭 비단치마처럼 펼쳐졌으면 좋겠다

죽 한 그릇

흰죽이 끓고 있다

그 모습은 요란하지 않아 말없이 빙그레 웃어주던 옛 애인처럼
죽은 차분하게 도를 넘지 않으며 자기 본분을 준수하며 순수와 열망 사이에서 끓고 있다

모든 게 귀찮다고 당신은 돌아누워 버릴지 모르지만
죽 냄비를 잘 저어주면서
회복하기 힘들다는 식도와 위장 사이의 거리를 생각해본다

남김없이 드시라고 죽 한 그릇 들이밀었는데 한 숟가락도 뜨지 않았다

식어버린 죽을 다시 데운다
이 죽이 바닥을 보이면 또 홀로 남겨져야 하므로
끝까지 당신 옆에 있을 빌미라도 주려는지……

죽은 천천히 식어가고 당신은 내 마음을 아는 듯 숟가락조차

대지 않고 있다

  조용해진 가슴, 더 조용하게 가라앉히고 있다

쌀을 안치며

혼자 있는 이여
생쌀을 씹듯 이별하는 이여

눈발은 왜 함부로 내리나
눈발은 왜 묻지도 않고 사라지나

말은 못하고 움켜진 손바닥만 갈라져
말은 차마 못하고 주름만 깊어져

그 집 처마 밑에 다리 뻗고 싶다고
그 집 처마 밑에 머물고 싶다고

저녁은 물 한 모금 먹지 않고
무명 앞치마로 얼굴 살짝 가렸네

쌀뜨물 같은 눈길 거두지 않네
쌀뜨물 같은 마음 끝내 거기 두었네

노래

한 소녀가 서바이벌 오디션 중에 갑자기 울음을 터트린다

울음이 가냘픈 소녀를 끌어안았다

잠궜는 줄 알았는데
세숫대야에 떨어지는 물방울처럼
몸 안에 차오르던 울음은 노래를 데리고 어디론가 가고 있다

마이크를 놓고 아무리 몰아내도 물러나지 않는다
무슨 서러운 사연이 있는 것도 아니라지만

소녀의 몸은 온통 노래다

죄송하다는 흐느낌마저 노래였다는 걸 알지 못한 채
느리고 느린 시간은 소녀를 데리고 끝없이 흘러가고 있다

돌 그림자

작은 돌의 작은 그림자
한 번도 움직이지 않은 그림자
여기 있다고 우겨본 적 없는 그림자

큰 돌
키 큰 나무에 가려
제 모습 볼 수 없다

휘영청 자라날 수 없고
세월이 가도 동무 하나 얻지 못하고

스며드는 시퍼런 달빛 적막,
쓸어안으며 산다

거기,
누가 돌의 말 못하는 입을 막고 서 있는가

제4부

우물

손이 닿을 수 있어도 닿을 수 없는 거리,

눈동자 속에 속눈썹 하나 떠 있다

그러나
떠 있다고 생각한 저것은

저편 우물 속 깊은 곳에 한없이 가라앉아 있는 것이다

요구르트 아줌마

이 복잡한 도시에서
당신은 왜 내 눈에만 띄는 걸까요
혹시,
어느 골목에 우두커니 주저앉았다 간 적 있나요

유효기간을 안다는 건
앞날에 꼭 필요한 일이겠지요
그래도 남은 것의 전부를 걸지는 마세요

요구르트 아줌마 발 뻗고 잠들면
함께 잠들지도 몰라

우린 잠자는 시간이 같아지는 나이니까

꿈속에서
요구르트 배달하는 나를 아줌마가 보고 있네요

영원에 대하여

한때 그것은 이빨 사이에 낀 고춧가루였고,
물속에서 몰래 뀌는 방귀였고,
빨랫줄에 널자마자 말라버린 때 묻은 속옷 같기도 했다

또 한때 그것은 중환자실 바닥에 퍼질러 앉아 울어도, 울어도 멈추지 않는 울음이거나
다 올린 줄 알았는데 엄마 등에 업혀 다시 젖을 게워내는 아기의 얼굴 같기도 했지만

문이 열리길 하염없이 기다린 듯 출구를 향해 마지막 숨을 거두며 감은 눈,

영원은 가라앉을 수 없는 가슴 끌어안고 종종거리며 사라져도 뒷모습을 보이지 않는다

카프카

너는 눈동자가 없구나

움푹 들어간 자리,
눈물이 고여야 할 자리에
둥그런 흔적만 남았구나

어디서 잃었는지 모르는 눈동자
간밤에 그랬구나
한곳에 오래 머물러
눈동자가 너를 벗어났구나

눈동자 사라지고
간간이 뒤척이는 흰 눈발의 느린 꿈
이제 더 보여줄 게 없구나

바라보지 않아도 잘 보이는 저편,
네가 옮겨 왔구나

＞

흰 눈발의 기억들
다시 천천히 지우고 있구나

손

잠자던 손이
허공을 더듬거린다

알 수 없는 힘에 시달리어
맹세라도 하듯 손은
간절히
뭔가를 꽉 움켜쥐었다가 놓는다

깨어 있을 때
다하지 못한 일을 하려는지
도달할 수 없는 거리를 손사래 치며
가고자 하는지
끝내 그 자신도 알 수 없지만

허우적거릴수록
벗어날 수 없고
손바닥이 흥건히 땀에 젖는데

>
정작 별일 아닌 듯 지나가고 난
아침이면
가지런한 두 손

벗어나려고 몸부림친 적 있기에
저리도 편안하게 붙어 있는 것 아닌가

흰 강물 흰 그림자

언니, 언니가 빨리 왔으면 좋겠어요 날마다 언니 자리에 내가 앉아 소리 지르고 악을 쓰다가 아무도 없을 땐 흑흑, 혼자 울어요

아홉 개의 젖가슴을 내려놓고 가랑이 벌리고 앉아 대성통곡하면 흰빛의 강물 흘러가요 아그작 아그작 소리 내며 머무르지 않아요

오늘은 강물이 바뀌는구나 언니가 말하면 어김없이 비가 오고 붉은 비가, 비가 떠내려가요 그런 날은 언니를 아아봤으며

아직 아무도 가보지 못한 강가에서 언니와 나란히 누워 흑흑, 강물은 정말 아그작 아그작 잘도 흘러가겠지요

이 세상에 영원히 오지 않을 언니, 다가갈 수 없는 흰 강물 흰 그림자만 늘어나고 있네요

몸이 몸을 눌러

비칠거리며
갓 태어난 새끼를 눌러 죽이고도
몸은 어찌할 수 없어

한 무더기의 배설물 옆에서
엉덩이에 핏물 내비치며
시뻘건 태반을 먹고 있다

너무 커다래서 슬플 수도 없는 어미라는 것

사이

눈썹과 눈썹 사이

살짝 치켜 올렸다가 까마득히 떨어지는

그물코와 풀잎의 이마 사이

저녁의 갈비뼈와 아침의 손가락 사이

머뭇거리는 붉은 무덤과 깔깔대는 샛별 사이

말라버린 살구씨와 잊어버린 벼락 사이

주저앉은 밤하늘과 뛰어가는 눈발 사이

이미 늙어버린 아기와 새파란 박수무당 사이

옛날 옛적 달아난 마음과 더 옛날 옛적 한숨 사이

\>

남아 있는 말과

아직 돌아오지 않는 말 사이

스며들다

물방울 떨어지는 소리
접시 부딪치는 소리

저 소리들은 어째서 젖은 손을 바닥에 닿게 하는가
은빛 나비 날개의 찢어진 망이 되게 하는가

서둘러 오는 아침은 어째서 한걸음 비켜나도 아프기만 한가

소리도 소리가 서러워
혼자 듯 돌리고 앉아
달그락달그락 숟가락질

먹다 남은 찬밥 뜨다가 소리의 무게가 되고 있다

탱자꽃

날이 저문 강둑을 걷는다

옛집을 찾아온 장님처럼
비밀을 누설한 벙어리처럼

한없이 떨며 일그러진 표정
몸속의 핏기를 몽땅 뽑아버리고
얇은 옷 찢긴 채

숨죽이며 다가와도 안을 수 없다

가시끼리 모여 사는 일은
꽃잎 밀어 올리는 슬픔이다

강을 두고 물결은 흘러가고
누군가 푸른 손 위에 푸른 손을 얹는다

밤아, 이 밤아

1
자라 목 검은 피
꿀꺽 삼킨 밤아, 이 밤아
어디 숨었다가
날마다 어김없이 오느냐

오늘은 오지 마라
자라 목 구워 먹고 오지 마라

길 잃지 않는 밤아, 이 밤아

2
떠나려고 돌아오는 밤아, 이 밤아
밤눈 어둡지 않니
오다가 딴 데 가도 좋으련만

너 물러가면 깨어나기 힘들고
너 다가오면 두 눈 가려야 하네

3
자라 목 쓰윽 베어 물고
어디론가 떠나는 밤아, 이 밤아

오늘은 가지 마라
제발 가지 마라
첫닭이 세 번 울고 베드로처럼
너를 모른다 말하지는 않으리

밤아, 이 밤아 몸 없이 떠도는 밤아

입술자국

어제 그 커피 잔은
아직 당신을 갖고 있다

당신이 찍어놓고 간 시퍼런 입술자국

처음 새겨진 무늬처럼
아랫입술의 둥그스름한 테두리와 볼륨까지
뭐라고 하면 금방 벌어질 듯하다

지울 수 있지만 지우지 못할 흔적
잔을 만지작거렸던
그 사람은 오지 않고
입술이 머물렀던 시간이
가슴속의 물결 파랑과 겹쳐졌다

어쩌면 나는
저 파랑을 견디며 살아온 것 아닐까

>

순간 포착한 꽃잎에서
아아, 오오, 꽃봉오리 빠져나가는 소릴 들으며
거기 살며시 입술을 포개놓는다

붉은 꽃

빈 젖을 물리고 있다

늙은 나무가
비쩍 말라빠진 젖꼭지를
죽을힘 다해 허공에게 물리고 있다

아무것도 하지 마
처절하게 잊으려 하지도 마
울 수 없는 날의 눈물이 마르고

아닌 줄 알았는데
아무 일 아닌 줄 알았는데

마흔 넘어 낳은 늦둥이,
아비를 모른다고 손가락질 받으며
빈 젖을 물리던 여자의

뼛속 깊이 모진 기운

〉
아니라고,
정말 아니라고 해놓고,
가지마다 매달아놓은
저 커다란 꽃송이는 또 무엇인가

보름

평생을 헛발질하는 늙은 별과
제 얼굴 볼 수 없는 하늘을 불러들인다

나뭇잎 작은 창에
사시사철 빛나는 노래 하나 내다 걸었으면
밝을수록 가라앉는 강물의 내부를 보지 않았으면
다시 돌아오지 않았을 텐데

오늘은 무심하던 저 달이
부풀어가는 울음 위에 떠 있다

해설

오래된 그늘

김정남(문학평론가·관동대 교수)

20년 만에 세상에 나온 첫 시집이다. 1995년 등단한 이래, 어떤 용암 같은 시간들이 지나갔기에 이토록 오랜 시간을 견딘 것일까. 이런 생각만으로도 아득해진다. 혹시 자신이 잊히지나 않을까 하는 두려움에 작품 발표와 시집 출간에 조바심치는 시단의 분위기를 생각해볼 때, 스무 해라는 견인(堅忍)의 시간은 실로 놀랍다. 그러한 의미에서 그녀의 첫 시집을 펼치는 것은 한 켜 한 켜 두터워진 나이테를 찬찬히 더듬어보는 것과 같다.

　　살다가 가끔 음음, 할 때가 있다

　　음음, 그토록 기다렸다 만나면 손이라도 덥석 잡을 줄 알았는데

그냥 좋아 자지러질 줄 알았는데
　오히려 할 말이 없어 음음, 이라는 말에 물들고 있다

　검은 나무에 비스듬히 기댄 당신 얼굴
　아무 생각이 나지 않는다
　음음, 말들이 안으로 삼켜지는
　주머니 속에서 손이 나오지 않는 느닷없는
　이런 날

　음음, 점점 어두워지는 당신의 눈, 당신의 어깨, 당신의 흰 손목,
　둥근 귓바퀴와 흘러내리는 머리카락, 머리카락……

　내가 기다린 것은 오직 음음, 더 깊은 이둠이다 비비 시나
갔다고 생각한
　그곳에 음음, 당신이 있다
―「음음」 전문

　모든 존재에 대한 기다림과 만남이 그렇듯, 문학에의 운명적 조우와 열망도 그것과 동궤에 있다. "사랑과 종교와 시가 공통된 연원에서 나왔다는 것"은 이것들이 모두 "인간 존재의 뿌리가 외부로 드러나는 현상들"(옥타비오 파스, 『활과 리라』)과 관

계되기 때문이다. 그러나 저 기다림, 존재의 근원에 대한 매혹은 항시 채워지지 않는다. 무엇인가 기다린다는 것은 끊임없이 나의 조건으로부터 도망하여 진정 자신으로 돌아가려는 움직임일 터인데, "음음"이라는 무덤덤한 감탄사 이상으로 귀결되지 않는 것이 또 우리의 생이다. 손이라도 덥석 잡고, 좋아 자지러질 줄 알았지만, 오히려 "음음"이라는 묵묵한 말없음. 결국 "내가 기다린 것은 오직 음음, 더 깊은 어둠"인 것이다. 문학이 해줄 수 있는 말도 결국 "음음"이다. 아마 시인은 지난 20년 동안, 아니 시를 꿈꾸던 더 먼 과거로부터 "음음"이라는 말을 간신히 내뱉기 위해 오랜 시간을 견뎌온 것이 아닐까. 적어도 나는 이 시집이 "음음"과 같이 속내를 다 드러낼 수 없는 어둠, "안으로 삼켜지는" 슬픔, 그런 아픔을 더 깊게 감싸 안은 언어미학에 화답한다고 믿는다.

 이 시집에 실린 56편의 시를 관통하는 시혼은 입을 다물지 못하는 슬픔에 그 기원을 두고 있다. 그것은 기억의 형태로 존재하는 화석화된 슬픔도, 정신적 외상과 관련된 병리적 상황도, 거시사를 거느린 사회역사적 슬픔도 아니다. 그녀의 시는 미시적 개인사 안에 현재진행형으로 존재하는 슬픔 속에서 상징적 표상물을 건져 올린다. 그것은 슬픔과 오랫동안 사귀어 온 사람만이 얻을 수 있는 애소의 응결체이자 미학적 응전물이라고 할 수 있다.

다시는 입 다물 수 없어
옛날로 돌아갈 수 없어

아마 입 벌리고 싶었을 거야
붉은 속울음 보여주고 싶었을 거야
벌어지고 나니
도무지 입 다무는 방법을 모르는데

그 벤치 위의 저녁,
정신없이 걷다가 발길 끊어진 후에야
물기 번지듯 갔지
오로지 번지고 번져서 갔지

번진다는 건
다가가는 일이라는 걸
내 삶이 망가진 다음에야 알았지

뜨거움이 지나간 그때 그 자리에서
아, 벌어진 입
끝내 다물지 못하고

—「조개처럼」 전문

입을 다물 수 없다는 것. 이는 화자의 말에 의하면 "붉은 속울음"을 보여주기 위해서다. 뜨거운 물에 데여 입이 벌어지는 조개가 "다시 입 다무는 방법을 모르는" 것처럼, 화자에게 상처는 아물지 않은 채로 벌어져 있다. 암시적으로 제시된 "그 벤치 위의 저녁", 화자는 "물기 번지듯" 무작정 걸어간다. 물기가 번져 나가는 것을 멎게 할 수 없듯이, 생이란 불가역적이어서, 우리 역시 어떤 이끌림에 의해 무작정 다가가게 되는 것이 있지 않은가. 그렇게 그 뜨거운 순간이 지나고 나면, "벌어진 입/끝내 다물지 못하"는 생의 화인(火印)이 찍히게 되는 것이다. 끝내 아물지 않고 붉은 속살 드러내는 상처처럼.

시마(詩魔)를 둘러싼 모든 예(藝)의 시작엔 어떤 홀림이 있다. 그 운명이 생의 한 부분을 훼손하고 파괴한다고 해도, 그것을 짊어지고 나아가는 모든 쟁이들은 "뜨거움이 지나간 그때 그 자리"를 벌어진 상처로 언제나 현재화한다. 그들은 오히려 비루한 생의 상처를 동력으로 "끝내 다물지 못하"는 입을 밑천 삼아 나아가는 자다. 그 고통의 언어가 바로 벌어진 조개의 입으로 상징된 것이 아닐까. 아마도 이러한 현재화된 슬픔, 오래된 그늘의 넓이가 그녀의 시의 자장을 형성하고 있는 것이 아닐까.

봄날 매운 파밭에서,

찜통 같은 공장 바닥에서,

눈 내리는 쓰레기더미에서,

어느새 저 높은 곳까지 쫓아갔을까

밤중에 잠깐 올려다본

서쪽 하늘가엔

시리고 서러운

엄마 발목이 걸려 있다

―「반달」 전문

 그녀의 시에 나타난 뛰어난 표상성은 이 작품에서 조금의 결(缺)도 과(過)도 없이 압축적인 정결미를 드러낸다. 이 시에 등장하는 엄마를 보라, 아니 달을 보라. 그것도 아니다. 오로지 달의 움직임과 모양을 말하면서 엄마의 고단한 생을 이야기하는 화자의 뛰어난 수사를 보라. "봄날 매운 파밭에서,/찜통 같은 공장 바닥에서,/눈 내리는 쓰레기더미에서," 신로(辛勞)의 생을 살아야 했던 엄마. 그런데 "어느새 저 높은 곳까지 쫓아갔을까". 밤중에 올려다본 서쪽 하늘가에 "시리고 서러운/엄마 발목"이 "반달"로 걸려 있었던 것이다. 어머니의 발목과 서쪽 하늘가에 걸려 있는 반달 사이의 유추는 단순한 수사를 뛰어넘은 "시리고 서러운" 삶을 뜨겁게 껴안는 단아하고 곡진한 생의 메타포라고 할 수 있다.

사춘기가 올 무렵
처음으로 한 남자의 물건을 보았다
거무튀튀한 사타구니 사이에서
힘없이 세상 밖을 내다보던 그것

단단하던 그가
누가 우는 걸 그토록 싫어하던 그가
장성 도립병원에 누웠을 때
가까운 사람들이 제일 먼저 그를 떠나갔다

밤새 울부짖다가 잠든
그의 기저귀를 갈다가 마주하게 된 물건
어린 내가 감당할 수 없는
너무 커다란 감정이거나 쓸데없이 달린 혹 같아

아버지 가까이 갈 수 없었다

아비 것이어도 아비를 모르는

번데기처럼 쪼그라든 그것이 또 혈뇨를 쏟아냈고

그가 깨어나기를 무섭도록 오래 기다렸다
—「오래된 슬픔」 전문

여기서 화자는 사춘기 시절, "혈뇨를 쏟아"내던 아버지를 돌보다가 경험하게 된 정신적 외상을 담담하게 들춰낸다. 평소 "단단하던 그가/누가 우는 걸 그토록 싫어하던 그가" "밤새 울부짖다가" 잠이 든다. 그 사이 "그의 기저귀를 갈다가 마주하게 된 물건"은 어린 화자에게 엄청난 충격으로 다가온다. "거무튀튀한 사타구니 사이에서/힘없이 세상 밖을 내다보던 그것"은 화자에게 "너무 커다란 감정이거나 쓸데없이 달린 혹"처럼 여겨지고, "어린 내가 감당할 수 없는" 심적 타격을 남긴다. 사춘기 소녀가 아버지를 통해 "한 남자의 물건"을 처음 복도한 "오래된 슬픔" 속에는 아버지라는 상징 질서의 무너짐과 특권적 기표인 남근(팔루스)의 상징적 결여가 자리하고 있다. 그렇기에 화자는 아버지가 다시 깨어나기를 "무섭도록 오래" 기다릴 수밖에 없었던 것이다. 이렇게 아버지라는 상징적 기표를 잃어버린 상실감은 시인에게 짙고 넓은 그늘을 오랫동안 거느리고 살게 하였고 그것을 숙주로 그녀만의 시가 발아했을 터이다.

동생을 그렇게 가까이서 보기는 정말 오랜만이었다

그녀가 사는 소읍을 지나치다가 육교 옆 느티나무 밑에서 잠깐 만났다 이제 동생은 앳된 소녀도 막내도 아니었다

밥이나 먹고 가라고
내 팔목 끌어당기는 손은 차갑고 까칠했으며 줄곧 웃는 얼굴은 잔주름과 기미를 다 가리지 못했다

십여 년 차이의 우릴 보며 친구가 저래 좋구나, 지나가는 할머니 말에 아무렇지 않은 척 동생은 또 활짝 웃었다

그간의 사정은 말 안 하고 웃기만 해도 웃음 사이사이 조금씩 내려앉았다가 사라지는 그늘,

놓아주지 않을 듯 잡은 동생 손에서 슬며시 내 손을 빼내어 바쁘게 소읍을 떠나왔지만

말할 수 없는 손끝의 감촉과 나무그늘보다 깊어지던 막내의 그림자는 한동안 나를 떠나가지 않았다
―「막내」전문

화자는 더 이상 "앳된 소녀도 막내"도 아닌 동생을 "정말 오랜만에" 만난다. 동생의 손은 "차갑고 까칠했으며" "잔주름과

기미"가 끼어 있다. 이때 지나가는 할머니가 "십여 년 차이의 우리를 보며 친구가 저래 좋구나"라고 말했을 때, 동생은 활짝 웃었지만, 화자는 그녀의 웃음 사이사이에 내려앉았다 사라지는 "그늘"을 본다. 그 후로 오랫동안 화자에게는 막내의 차고 거친 손과 깊은 그림자가 잊히지 않는다. 이 작품은 동생의 조로함이나 그 사연에 초점을 맞춘 것이 아니다. 오히려 신산한 생의 자취를 감추지 못하는 동생을 바라보는 화자의 반응과 그 내면 풍경이 핵심이라고 할 수 있다. 웃음 사이사이 그늘이 내려앉은 동생을 바라보는 언니의 마음과 "놓아주지 않을 듯 잡은 동생의 손에서" "손을 빼내어" 서둘러 떠나야 했던 말할 수 없는 아픔과 오랫동안 "막내의 그림자"를 기억하는 언니의 먹먹한 마음이 시리게 빛나는 작품이다. 이렇게 박미란 시인에게 가족사에서 침윤된 오래된 그늘은, 뿌리를 잃고 떠도는 존재들의 근원을 향한 "목 쉰 울음"으로 확대된다.

고향을 그리는 생목들의 짙은 향내
마당 가득 흩어지면
가슴속 겹겹이 쌓여가는 나이테
사방으로 나동그라진다

새떼들의 향그런 속살거림도
가지 끝 팔랑대던 잎새도 먼 곳을 향해 날아갔다

잠 덜 깬 나무들의 이마마다 대못이 박히고
날카로운 톱날 심장을 물어뜯을 때
하얗게 일어서는 생목의 목 쉰 울음

꿈속 깊이 더듬어도
정말 우린 너무 멀리 왔어

눈물 없이
말갛게 목숨 비워 몇 밤을 지새면
누군가 내 몸을 기억하라고 달아놓은 꼬리표
날마다 가벼워져도

먼 하늘 그대,
발돋움하는 소리 들릴 때
둥근 목숨 천천히 밀어 올리며
잘려지는 노을
어둠에도 눈이 부시다

— 「목재소에서」 전문

   시인의 등단작이기도 한 이 작품은 목재소에 쌓여 있는 나무들을 통해 모든 생명의 근원적 의미를 건져 올리고 있다. 짙은 생목의 향내와 그리움의 나이테들은 노스텔지아의 지표이다.

이제 "향그런 속살거림"으로 재잘거리던 새떼들도 없고, "잠 덜 깬" "이마마다 대못이 박히고" "날카로운 톱날"이 "심장을 물어 뜯"을 뿐이다. 그러다 "정말 우린 너무 멀리 왔어"라고 아프게 중얼거린다. 이렇게 우리 생도, 존재의 시원으로부터 멀리 떨어져 나와 깨어지고 부서지는 것이 아닌가. 이때 "고향을 그리는 생목들"의 운명과 허망한 세계에 내던져진 인간의 실존적 상황 사이의 알레고리는 이 작품의 뛰어난 발견의 지점을 가리킨다. 이렇게 나무들은 몇 밤을 지새우며 가벼워지고, 마침내 누군가에 의해 이름표가 달린다. 그러나 이때 이 이름표는 오히려 존재의 본질을 영영 지워버리는 사형수의 수형번호 같은 것이다. 그것은 어디까지나 목재의 종류와 크기와 용도에 의해서 피동적으로 붙여진 이름이기 때문이다. 저 "먼 하늘 그대,/발돋움하는 소리"가 들려올 때, 고향을 그리는 생목의 마음은 "어둠에도 눈이 부시다". 목재수의 생목을 통해 발견한 생의 의미와 근원을 향한 존재의 열망을 형상화한 이 작품은 오랫동안 그늘과 사귀어 왔던 시인의 깊은 시심이 세계관의 차원에서 확대되고 심화되어 이룬 하나의 시적 성취다.

밤은 그냥 가지 않고
기억을 품고 가려 한다

무엇 때문에 어둠에서 새벽이 태어나고

무엇이 이 흰 공간으로 밀려오는가

매일 밤이면서 새벽이고
낮이면서 저녁인 시간들
무엇 때문에 하루는 또 하루를 물고 가는가
죽은 별이 살아나 눈썹 위에 비틀리는가
무엇 때문에 죽은 별이 다시 죽어
입술은 루주를 덧칠하고
핏기 없는 얼굴은 화장을 떡칠하는가

모든 밤이 서럽지 않으면서 서러운
화려하고 쓸쓸한 잔칫날인데
흰 천에 형형색색(形形色色) 실을 놓아
끝없는 밤으로 이어놓는가

새벽을 푸르게, 뼈마디 쑤시도록 푸르게 하는가

무엇 때문에
밤과 새벽이 멀리 떨어진 듯 이어져
또 하루가 무단결근 없이 이리도 밝아오는가
—「비단길」전문

마지막으로 한 가지만은 확신할 수 있겠다. 박미란 시인의 "밤"이 곧 "비단길"이었음을. "밤은 그냥 가지 않고/기억을 품고 가려" 하는 것과 같이 그녀의 시는 잊히지 않은 기억의 산물이다. "사랑의 만남, 시의 이미지, 그리고 신의 현현에는 갈증과 충족감이 뒤섞인다."(옥타비오 파스, 『활과 리라』) 앞으로도 시인은 "서럽지 않으면서 서러운/화려하고 쓸쓸한 잔칫날" 같은 "밤"의 기억을 시로 기록할 것이다. 하루도 "무단결근 없이" 찾아오는 숙명의 나날들 속에 감춰진 생의 비의를 건져 올릴 것이다. 그리하여 무엇이 "새벽을 푸르게, 뼈마디 쑤시도록 푸르게 하는"지 말하려 할 것이다.

메마른 비단길, 모래바람 속을 걷고 있는 한 시인의 모습이 떠오른다. "매일 밤이면서 새벽이고/낮이면서 저녁인 시간들"을 계속 걷고 또 걸으면, 새벽은 언제나 뼈마디가 쑤시게 푸를 것이다. 넓고 깊은 그늘이 만든 웅숭깊은 그녀의 노래가 이번 첫 시집을 통해 더욱 환하게 개화하기를 기대한다. 그런 의미에서 나의 이 해설은 "막 꽃피우려는 노란 민들레에게/내년 꽃을 기억하라고, 기억해보라고/억지 쓰는 일"(『온기』)이다.

이 도서의 국립중앙도서관 출판시도서목록(CIP)은 서지정보유통지원시스템 홈페이지 (http://seoji.nl.go.kr)와 국가자료공동목록시스템(http://www.nl.go.kr/kolisnet)에서 이용하실 수 있습니다. (CIP제어번호: CIP2014026580)

시인동네 시인선 018

그때는 아무것도 몰랐다

ⓒ 박미란

초판 1쇄 발행　2014년 10월　6일
초판 3쇄 발행　2014년 10월 31일

　　지은이　박미란
　　펴낸이　김석봉
　책임편집　이현호
　　디자인　조동욱
　　펴낸곳　문학의전당
　출판등록　제311-2012-000043호
　　　주소　서울시 은평구 연서로11길 7-5 401호
　　편집실　서울시 마포구 마포대로 127, 413호(공덕동, 풍림VIP빌딩)
　　　전화　02-852-1977
　　　팩스　02-852-1978
　　　블로그　http://blog.naver.com/mhjd2003
　　전자우편　sbpoem@naver.com

　　ISBN　978-89-98096-93-9　03810

＊ 이 책의 판권은 지은이와 문학의전당에 있습니다.
＊ 양측의 서면 동의 없는 무단 전재 및 복제를 금합니다.
＊ 잘못 만들어진 책은 바꿔드립니다.